DU

CONTRAT DE TRAVAIL

DANS

LES MINES SAXONNES

SOUS LE RÉGIME DU CODE CIVIL ALLEMAND

PAR

M. Maurice BELLOM

Ingénieur au corps des Mines.

(Extrait des ANNALES DES MINES, livraison de Mars 1901.)

PARIS

Vᵛᵉ Cн. DUNOD, ÉDITEUR

49, Quai des Grands-Augustins, 49

—

1901

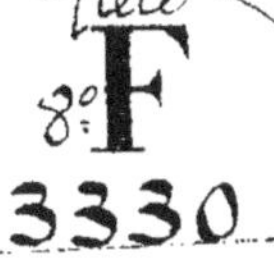

DU
CONTRAT DE TRAVAIL

DANS

LES MINES SAXONNES

SOUS LE RÉGIME DU CODE CIVIL ALLEMAND

PAR

M. Maurice BELLOM

Ingénieur au corps des Mines.

(Extrait des ANNALES DES MINES, livraison de Mars 1901.)

PARIS

Vᵛᵉ Cₕ. DUNOD, ÉDITEUR

49, Quai des Grands-Augustins, 49

1901

DU CONTRAT DE TRAVAIL

DANS LES MINES SAXONNES

SOUS LE RÉGIME DU CODE CIVIL ALLEMAND

La loi saxonne sur les mines du 16 juin 1868, qui constitue l'un des types de la législation minérale allemande, renferme des dispositions concernant les relations entre les exploitants de mines et leurs ouvriers ; ces dispositions ont pris place dans les articles 69 à 90 de la loi. Toutefois l'article 2 (§ 4) de la même loi déclare applicables, en matière minérale, les prescriptions législatives d'ordre général en l'absence de dispositions spéciales aux mines : ce cas se présente en matière de contrat de travail.

D'autre part, si la loi d'Empire du 18 août 1896, relative à l'entrée en vigueur du Code civil allemand, a, par son article 67 (§ 1), consacré le maintien des dispositions de législation d'État qui appartiennent au droit minier, elle a, dans son article 4, spécifié la substitution de ses propres dispositions à celles des lois d'État qu'elle aurait abrogées. Or de ce nombre sont les prescriptions du Code civil saxon du 2 janvier 1863, qui s'appliquaient aux mines pour la réglementation du contrat de travail, à défaut de toute mesure particulière de la législation minérale. Dès lors, les dispositions nouvelles du Code civil allemand devaient remplacer les prescriptions abrogées du Code civil saxon.

L'entrée en vigueur, le 1er janvier 1900, du Code civil allemand donne, d'ailleurs, un intérêt d'actualité à l'étude des modifications que ce Code a apportées, en matière de contrat de travail, à la législation minière de la Saxe royale.

Le contrat de travail doit être examiné au point de vue de son objet, de sa conclusion, de son exécution, de sa résiliation, de son expiration et de sa prolongation.

I

OBJET DU CONTRAT DE TRAVAIL.

L'objet du contrat de travail n'a pas été défini par la loi minière; le Code civil saxon de 1863 en donnait, dans son article 1229, une définition que le Code civil allemand n'a point modifiée: aux termes de l'article 611 (§ 2) de ce dernier Code, le contrat de service peut avoir pour objet toute sorte de service.

Dans la matière spéciale des relations entre un chef d'entreprise industrielle et son personnel, cette définition comporte quelque restriction : d'une part, en effet, il convient de spécifier la nature des catégories de personnes appelées à rendre les services stipulés; d'autre part, l'exécution de certains travaux, c'est-à-dire la prestation de certains services, est interdite à des classes déterminées de personnes.

A. Sur le premier point, le personnel des travailleurs que vise la loi minière se compose d'ouvriers et d'employés.

I. Les ouvriers comprennent des ouvriers minuers et des journaliers. Ceux-ci sont les ouvriers qui ne sont embauchés que pour des travaux isolés, à la journée et à titre temporaire : la loi minière exclut, par son article 89, l'application à ces ouvriers des dispositions qu'elle formule pour les ouvriers mineurs en matière de contrat de travail; c'est donc exclusivement dans le Code civil que l'on trouve les règles qui définissent les relations des journaliers avec les exploitants. Les ouvriers visés dans la présente étude sont, dès lors, essentiellement les ouvriers mineurs proprement dits.

II. Les employés sont : les uns, des employés techniques, les autres, des employés de bureau, d'autres enfin, des employés commerciaux : pour ces derniers, le contrat de travail est régi par des dispositions du Code de commerce; pour les autres, qu'ils soient des techniciens ou des commis, les règles sont les mêmes sous le régime combiné du droit civil et du droit minier.

B. Sur le second point, la loi minière, dans son article 72, et la loi industrielle, dans son article 154*a* (§ 2), interdisent le travail souterrain aux ouvriers au-dessous de quatorze ans et aux ouvrières. L'admission au travail souterrain d'un ouvrier d'âge compris entre quatorze et seize ans ou d'un ouvrier qui n'a pas été, jusqu'à l'âge de soixante ans accomplis, occupé au fond, a été interdite par l'arrêté sur les prescriptions générales relatives à la police des mines, du 16 janvier 1896 (art. 151, § 1). La généralité des termes, par lesquels la loi d'Empire précitée du 18 août 1896 garantissait le maintien des prescriptions de la loi minière sous le régime du Code civil allemand, permet donc de prononcer la nullité de tout contrat de travail conclu en vue d'occupation souterraine avec un travailleur de l'une des catégories susvisées.

II

CONCLUSION DU CONTRAT DE TRAVAIL

La conclusion du contrat de travail soulève deux questions :

1. De la capacité nécessaire pour conclure le contrat ;
2. Des formes du contrat.

1. De la capacité nécessaire pour conclure le contrat de travail. — La question de la capacité nécessaire pour conclure le contrat de travail se pose pour les ouvriers au-dessous de vingt et un ans, les interdits et les femmes mariées.

a) Ouvriers au-dessous de vingt et un ans. — La loi minière saxonne de 1868 exigeait, par son article 74, l'autorisation spéciale du représentant légal de l'ouvrier au-dessous de vingt et un ans, sauf dans le cas où cette autorisation avait été déjà accordée une fois sans restriction et dans le cas où l'ouvrier avait dû, avec l'autorisation expresse ou tacite de ses parents ou tuteur, chercher lui-même les éléments de sa propre subsistance.

Aux termes de la loi saxonne du 20 juin 1898, modificative de la législation minérale antérieure, la capacité des ouvriers au-dessous de vingt et un ans devait être réglée par le droit civil.

Le nouveau droit n'a pas reproduit la disposition précitée de l'article 74 de la loi de 1868; toutefois, ce silence du Code civil n'a pas, en fait, modifié la situation; car l'adhésion, émanée du représentant légal, à la recherche par l'ouvrier de son propre gagne-pain, comportait le plus souvent l'autorisation tacite de conclure un contrat de travail correspondant à l'état et aux conditions d'existence de l'ouvrier.

D'autre part, le Code civil allemand spécifie, dans son article 113 (§ 1), que l'autorisation, donnée à l'ouvrier par le représentant légal, de s'engager pour un travail, confère à l'intéressé, sans restriction, la capacité juridique en matière de conclusion, d'exécution ou de résiliation d'un contrat de travail de la nature autorisée : la faculté, qui résulte de cette disposition pour l'ouvrier, de changer de patron à son gré, suppose implicitement que l'autorisation n'est pas limitée à un cas déterminé. Au reste, d'après le dernier paragraphe du même article 113, lors même que l'autorisation n'a été accordée que pour une circonstance définie, elle doit être, en cas de doute, considérée comme une autorisation générale de conclure des contrats similaires. Cette mesure libérale constitue une innovation importante par rapport à la disposition de l'article 74 de la loi minière saxonne, qui refusait une pareille signification à l'autorisation donnée pour un patron déterminé ; elle ne saurait d'ailleurs prêter à des abus, le représentant légal pouvant toujours spécifier qu'il ne reconnaît point à l'ouvrier le droit de conclure d'autres contrats.

De plus, le Code civil a prévu formellement (art. 113, § 1, *in fine*) l'intervention, selon les règles de droit commun, du tribunal de tutelle, dont le silence de l'article 74 de la loi minière avait pu faire contester la nécessité ; cette intervention s'impose notamment, d'après l'article 1822 (nos 7 et 12) du Code civil, si l'ouvrier s'engage pour une période supérieure à une année ou si le contrat comporte la solution, par voie de transaction ou d'arbitrage, d'une affaire dont la valeur ne peut être appréciée en argent ou excède la somme de 300 marcs : on peut citer, à titre d'exemple, la transaction relative à l'établissement du certificat à délivrer à l'ouvrier en cas de départ.

La nécessité de l'intervention du tribunal de tutelle est toutefois limitée au cas où le représentant légal est un tuteur. Lorsque l'ouvrier est en puissance paternelle, la loi n'exige ni l'adhésion du représentant légal ni celle du tribunal de tutelle, et cela, parce qu'à la différence du tuteur, le père n'a pas besoin, dans les deux cas sus visés, de l'adhésion de ce tribunal. La mère est d'ailleurs, dans certaines circonstances, assimilée au père au point de vue de l'exercice de la puissance paternelle : tel est le cas d'une mère veuve non remariée ; tel est également celui où le père est empêché, en fait, d'exercer la puissance paternelle aux termes des articles 1684 et suivants du Code civil; les pouvoirs de la mère ne sont donc pas subordonnés aux conditions imposées à l'exercice de ceux du tuteur. Toutefois, si un conseil est donné à la mère en vertu de l'article 1687 du Code civil, l'autorisation du conseil doit accompagner celle de la mère.

Le législateur a prévu le cas où le représentant légal refuse, sans motif justifié, l'autorisation de conclure un contrat de travail. Le Code civil ne vise ce cas que lorsque le représentant légal est un tuteur (art. 113, § 3), et il admet l'équivalence entre l'autorisation du tribunal de tutelle et celle du représentant légal. Ces dispositions ne s'appliquent pas aux mines, la loi saxonne de 1868 ayant réglé la question dans son article 74, qui admet l'intervention, non du tribunal de tutelle, mais de l'autorité administrative. Sous sa forme actuelle, définie par la loi du 20 juin 1898, l'article 74 précité subordonne, comme le Code civil allemand (art. 113, § 3, *in fine*), l'octroi de l'autorisation à la constatation de l'intérêt de l'ouvrier, et non plus, comme l'ancienne législation saxonne, à l'insuffisance des ressources des parents, à leur mauvaise conduite à l'égard de leurs enfants, ou au désir qu'éprouvent ceux-ci de s'embaucher pour perfectionner leur instruction. Toutefois, à la différence du Code civil, la loi minière actuelle admet l'intervention d'une autorisation étrangère, même dans le cas où le représentant légal n'est pas un tuteur; par suite, l'autorité administrative peut suppléer au refus d'autorisation du père ou de la mère; elle peut suppléer également à l'absence d'autorisation résultant de motifs autres qu'un refus. Cette disposition, qui constitue à la fois une innovation par rapport à l'ancien droit minier et une mesure exceptionnelle par rapport au Code civil, permet de pourvoir au cas d'absence ou de maladie du représentant légal de l'ouvrier.

La capacité, pour les jeunes ouvriers, d'ester en justice

dérive de la capacité de conclure le contrat de travail : le silence de la législation minière actuelle a été justifié dans l'exposé des motifs de la loi du 20 juin 1898, par le rapprochement des textes du Code de procédure civile et du Code civil : de l'article 51 (§ 1) du premier de ces Codes résulte, en effet, la capacité d'ester en justice pour quiconque jouit de la capacité de contracter, définie par l'article 113 (§ 1) du Code civil. L'intervention de la juridiction arbitrale en matière de relations entre exploitants de mines et leurs ouvriers, aux termes de l'article 90 de la loi saxonne du 2 avril 1884, ne fait aucun obstacle à l'application de ce régime.

Il convient d'observer que les dispositions relatives aux personnes au-dessous de vingt et un an ne s'appliquent qu'aux ouvriers à l'exclusion des employés. Les termes de l'article 74 de la loi minière, tant dans sa rédaction ancienne que dans sa rédaction nouvelle, sont formels à cet égard. C'est donc uniquement l'article 112 du Code civil qui régit l'autorisation exigée des jeunes employés pour conclure un contrat de travail.

b) *Interdits.* — Les dispositions relatives aux ouvriers au-dessous de vingt et un ans s'appliquent également, par suite du rapprochement de l'article 74 de la loi saxonne du 20 juin 1898 et de l'article 114 du Code civil allemand, aux personnes que la faiblesse d'esprit, la prodigalité ou l'ivrognerie ont fait placer en état d'interdiction ; l'intervention d'une autorisation étrangère à celle de leur représentant légal n'a pas été prévue pour ces personnes.

c) *Femmes mariées.* — La législation minière saxonne ne subordonne à aucune condition d'autorisation émanée du mari l'entrée d'une femme au service d'une exploitation minérale. C'est donc dans le droit civil que doivent être cherchées les dispositions relatives à la matière. Le Code civil saxon de 1863 exigeait l'autorisation du mari pour tout contrat qui n'est pas pour la femme une cause exclusive d'acquérir. Le Code civil allemand, loin de reproduire une telle mesure, s'est borné à définir les cas où une femme a besoin du consentement de son mari pour disposer de sa fortune. Il ne contient dès lors aucune prescription qui exige l'adhésion du mari pour conclure un contrat de travail.

Dans une étude très documentée sur la matière (*), on a fait remarquer que la situation de la femme mariée, en état de minorité d'âge, n'était pas modifiée dans l'espèce par le mariage, quant à ses relations avec ses parents ou tuteur ; dès lors, pour entrer au service d'une exploitation minérale, soit comme ouvrière, soit comme employée, elle doit se pourvoir de l'autorisation exigée des ouvriers âgés de moins de vingt et un ans.

2. **Des formes du contrat du travail.** — La loi minière saxonne interdit, par son article 75, l'admission au travail de tout ouvrier qui ne peut présenter un livret de travail en règle.

L'examen du livret par le chef de l'entreprise est donc la première opération nécessaire.

Celui-ci doit s'assurer, d'ailleurs, de la capacité de contracter chez le candidat. Pour les ouvriers âgés de moins de vingt et un ans, l'existence d'un livret fait présumer l'autorisation du représentant légal, parce que la délivrance du livret est, aux termes des articles 5 et 83, respectivement, des ordonnances saxonnes des 23 novembre et 2 décembre 1868, subordonnée au consentement de ce dernier. D'ailleurs, d'après une disposition précitée, l'autorisation donnée pour un premier contrat s'applique, en cas de doute, aux contrats similaires ultérieurs.

(*) CARL KRETZSCHMAR, *Die mit dem 1 januar 1900 für den Sächsischen Bergbau eingetretenen Neuerungen in den Vorschriften über den Dienstvertrag (Beilageheft zum Jahrbuch für das Berg-und Hüttenwesen im Königreich Sachsen*, 1900, p. 83).

L'exploitant doit toutefois se préoccuper des restrictions que le représentant légal a pu apporter à son autorisation de contracter; celui-ci a pu notamment spécifier qu'il se réserve de renouveler l'autorisation en cas de changement de contrat. Les dispositions relatives à la délivrance des livrets sont muettes à cet égard. Une distinction a été proposée (*) : si le représentant légal veut se réserver le droit de donner une nouvelle autorisation en cas de changement de contrat, il faut ou bien admettre une mention à ce sujet dans le livret, ou bien refuser au livret tout caractère de preuve d'autorisation du représentant légal, et obliger, à chaque nouveau contrat, l'exploitant devant lequel se présente le titulaire du livret, à se mettre en relation avec le représentant légal. La seconde solution a semblé inadmissible ; l'inscription sur le livret d'une mention restrictive a seule paru réaliser les conditions de simplicité exigées par la pratique. On a ajouté que cette mention rendait inutile toute autre inscription sur le livret ; si, par exemple, le représentant légal a apporté à l'autorisation de contracter d'autres restrictions, telles que la limitation de la faculté de toucher personnellement le salaire, il lui est loisible de faire connaître directement au patron, lors de chaque nouveau contrat, la disposition par laquelle il a restreint la liberté, pour l'ouvrier, de recevoir lui-même la rémunération intégrale de son travail.

Le représentant légal peut, du reste, non seulement restreindre, mais encore retirer l'autorisation qu'il a donnée. Dans ce cas, comme dans le précédent, afin de ne pas contraindre le patron à s'assurer, auprès du représentant légal de l'ouvrier, de la permanence de l'autorisation, on a demandé la solution aux règles du Code civil relatives à la procuration : le représentant légal ne pourrait

---

(*) CARL KRETZSCHMAR (*loc. cit.*, p. 81).

invoquer l'extinction de l'autorisation qu'auprès du patron qui la connaissait ou devait la connaître lors de la conclusion du contrat (art. 173 du Code civil allemand); il lui appartiendrait, au reste, de retirer le livret ou de le faire déclarer sans valeur (*ibid.*, art. 172, § 2).

Quant aux femmes mariées, si leur admission au travail n'est pas subordonnée au consentement du mari, celui-ci peut, du moins, dénoncer le contrat sans préavis. En effet, l'article 1358 (§ 1) du Code civil allemand prévoit une dénonciation de ce genre pour tout contrat par lequel la femme s'est obligée à la prestation de services personnels à l'égard d'un tiers : le mari doit, du moins, être muni d'un pouvoir délégué, sur sa demande, par le tribunal de tutelle, et ce tribunal est tenu de déférer à la requête, lorsqu'il est constant que l'exécution du contrat par la femme porte atteinte aux intérêts conjugaux. L'exercice du droit de dénonciation conféré au mari est toutefois limitativement défini : d'une part, il n'est attribué qu'au mari et non à un délégué du mari; d'autre part, il est interdit, si le mari a consenti à l'obligation contractée par la femme, ou si le tribunal de tutelle a suppléé à ce consentement sur la demande de la femme, et cela, soit parce que le refus de consentement constitue un abus du droit du mari, soit parce que la maladie ou l'absence de ce dernier s'oppose à une manifestation de volonté et qu'il y ait péril en la demeure; enfin il est suspendu durant la cessation de la vie commune. Il importe donc que le patron, s'il ne veut pas s'exposer à la résolution du contrat par le mari, exige de la femme, lors de son entrée au travail, la preuve du consentement de ce dernier ou de la décision judiciaire qui y supplée.

A l'examen du livret par l'exploitant succède l'examen du candidat par le médecin.

La question qui se pose est celle de la situation des parties contractantes pendant la durée de cet examen.

L'envoi de l'ouvrier devant le médecin constitue-t-il de la part du patron l'adhésion au contrat sous la condition suspensive de l'avis favorable du médecin? L'acceptation par l'ouvrier de se soumettre à l'examen médical équivaut-elle à l'abandon anticipé de sa liberté d'action en cas d'avis favorable? La doctrine (*) admet que le patron doit être présumé avoir réservé sa liberté entière jusqu'à l'achèvement de l'examen, et que l'ouvrier a renoncé à la sienne, lorsque, par sa demande d'embauchage, il a provoqué l'intervention médicale, qui impose au patron des dépenses et des démarches.

Les conditions de conclusion du contrat de travail ont été précisées par le Code civil allemand, aussi bien entre présents qu'entre absents :

1° Entre *présents*, d'après le droit antérieur, la réponse de l'exploitant ou de son préposé n'était pas nécessairement immédiate; aux termes de l'article 817 du Code civil saxon de 1863, l'ouvrier qui se présentait était lié par sa demande durant la période pendant laquelle l'ajournement de la réponse du patron devait, « d'après les circonstances et les usages », être considérée comme un retard dans la déclaration d'admission de l'ouvrir. Désormais l'application de l'article 147 du Code civil allemand comporte la réponse immédiate de l'exploitant (**). La condition de présence n'exige pas, pour être réalisée, la réunion des parties contractantes en un même lieu : une conversation téléphonique entre elles peut y suppléer;

2° Entre *absents*, sous le régime de l'article 816 du Code civil saxon de 1863, une proposition de contrat pouvait être retirée par son auteur, tant que le destina-

---

(*) CARL KRETZSCHMAR (*loc. cit.*, p. 75).

(**) M. CARL KRETZSCHMAR (*loc. cit.*, p. 74) a fait observer que le caractère immédiat de la réponse pouvait comporter des réserves dérivant « des circonstances et des usages ».

taire n'avait pas déclaré l'accepter ; cette mesure s'appliquait quel que fût l'auteur de la proposition, que celle-ci émanât soit du patron, soit de l'employé ou de l'ouvrier ; la seule exception prévue résultait d'une stipulation expresse par laquelle la proposition octroyait au destinataire un délai de réflexion. En d'autres termes, l'exploitant qui avait écrit une lettre à une personne pour lui proposer un emploi, pouvait, à toute époque antérieure à l'envoi de la lettre d'acceptation de la personne, annuler sa proposition par une lettre ultérieure. Le Code civil allemand a, au contraire, par ses articles 145 et 147 (§ 2), imposé à l'auteur de la proposition le respect de celle-ci jusqu'à l'époque « à laquelle il peut attendre dans des circonstances normales la réception de la réponse » ; il est, du moins, libre de retirer sa demande par un avis télégraphique qui doit parvenir au destinataire avant la lettre de proposition ou en même temps que celle-ci ; en pareil cas, sous le nouveau régime (art. 130, § 1, du Code civil allemand) comme sous l'ancien, la proposition demeure sans effet.

III

EXÉCUTION DU CONTRAT DE TRAVAIL.

L'exécution du contrat de travail doit être examinée au point de vue des obligations qui incombent respectivement à chacun des contractants.

1° **Obligations de l'ouvrier ou de l'employé.** — Le Code civil allemand (art. 613), comme le Code civil saxon (art. 1232), spécifie que la prestation de services doit être, en principe, fournie par l'obligé en personne ; mais il ajoute que le droit aux services ne peut être transféré en principe. Cette dernière mesure permet à l'ouvrier, sauf stipulation contraire du contrat de travail, de se refuser à passer d'une exploitation à une autre ; une telle faculté lui était déniée par la loi minière saxonne du 22 mai 1851 qui, dans l'un de ses règlements annexes (règlement B, § X), obligeait les ouvriers mineurs à se laisser « envoyer à titre temporaire » d'une exploitation à une autre si les chefs des entreprises intéressées étaient d'accord. Le silence de la loi minière saxonne de 1868 sur la question en réserve la solution au Code civil allemand dans les termes rappelés ci-dessus de l'article 613.

En cas de non-prestation des services par l'obligé, l'autorité compétente, c'est-à-dire, en matière de mines, le tribunal arbitral minier, peut le condamner à les fournir. Deux hypothèses doivent alors être distinguées, suivant que les services peuvent ou non être fournis par une personne autre que l'obligé.

Dans la première hypothèse, le chef d'entreprise fait exécuter le travail par un tiers après s'être couvert sur l'obligé des dépenses correspondantes, en vertu de l'article 887 du Code de procédure civile.

Dans la seconde hypothèse, qui se réalise, par exemple, si l'ouvrier a seul la connaissance nécessaire des lieux de travail, le chef d'entreprise n'a plus que la ressource de réclamer des dommages-intérêts en vertu de l'article 893 du Code de procédure civile du 17 mai 1898 ; l'ancien Code de procédure civile du 30 janvier 1877 prévoyait la contrainte imposée à l'obligé, et cela dans les termes suivants : « Lorsque le fait qui forme l'objet de l'obligation ne peut être accompli par un tiers, et qu'il dépend exclusivement de la volonté du débiteur, le tribunal saisi de la contestation en première instance décidera, sur les conclusions de la partie, que le débiteur sera astreint à l'accomplissement du fait par des peines pécuniaires dont le montant pourra s'élever à 1.500 marcs ou par l'emprisonnement(*) ». Au cours des travaux préparatoires du nouveau Code de procédure civile de 1898, cette contrainte a été jugée incompatible avec la conception actuelle de la liberté (**) et, sur la proposition de la Commission du Reichstag, elle n'a pas été maintenue en matière de contrat de louage de services.

2° **Obligations du chef d'entreprise.** — Les obligations du chef d'entreprise sont relatives à la rémunération du travail, d'une part, à la sécurité et à la salubrité du travail, d'autre part.

a) *Rémunération du travail.* — I. Aux termes de l'article 612 (§ 1) du Code civil allemand, une rémunération est présumée avoir été stipulée tacitement, si, eu égard aux circonstances, le service ne doit être attendu qu'au prix d'une rémunération. Quant au taux de cette rémunération, s'il n'a pas été fixé par le contrat, il doit être déterminé soit d'après le tarif en vigueur lorsqu'il en existe un, soit, en l'absence de tarif, d'après les usages (Code civil allemand, art. 612, § 2).

II. L'époque du paiement de la rémunération a été définie par le Code civil allemand : l'article 614 de ce Code spécifie que la rémunération doit être payée après la prestation des services, et que, si elle est fixée par périodes, elle doit être payée à la fin de chaque période.

III. Le mode de paiement de la rémunération résulte de la loi industrielle allemande (*Gewerbeordnung*) (***). Aux

---

(*) Voir *Code de procédure civile pour l'Empire d'Allemagne* (30 janvier 1877), traduit et annoté par MM. E. Glasson, E. Lederlin et F.-R. Dareste, p. 266.

(**) *Débats parlementaires du Reichstag*, 1897-1898. *Annexes*, t. III, p. 2158.

(***) Cette loi a été, depuis 1869, l'objet d'une série de modifications : nous avons donné, en les faisant précéder de notices, la traduction des plus récentes dans les Annuaires successifs publiés par la Société de Législation comparée (*Annuaire de* 1892, p. 167 ; *Annuaire de* 1894, p. 85 ; *Annuaire de* 1897, p. 129 ; *Annuaire de* 1898, p. 168). Un texte compre-

termes de l'article 115 (§ 1)de cette loi, les industriels doivent calculer et payer comptant en monnaie d'Empire les salaires de leurs ouvriers ; le § 2 du même article déclare qu'ils ne doivent leur faire crédit d'aucune marchandise ; il permet du moins de fournir aux ouvriers, en en tenant compte lors de la paye, les aliments au prix d'achat, le logement et la jouissance des terres au prix des loyers et des fermages de la localité, le chauffage, l'éclairage, les médicaments et les soins médicaux, ainsi que les outils et les matières premières nécessaires aux travaux dont ils sont chargés, et cela au prix de revient moyen. De plus, la fourniture d'outils et de matières pour les travaux à la tâche est admise à un prix plus élevé, si ce prix n'excède pas le prix de la localité et a été convenu d'avance (art. 115, § 2, *in fine*). L'article 117 frappe de nullité toute convention contraire aux dispositions qui précèdent ; il déclare également nulles les conventions conclues entre patrons et ouvriers relativement à l'achat, dans des magasins déterminés, des choses qui leur sont nécessaires, ainsi qu'à l'affectation du salaire à un objet autre que la participation à des œuvres destinées à l'amélioration de la situation des ouvriers ou de leurs familles. L'article 118 ajoute que les créances de marchandises qui ont été livrées en violation des mesures précitées ne peuvent faire l'objet d'une action en justice de la part du créancier, ni être invoquées par voie d'imputation ou autrement, et cela sans distinguer si elles sont le résultat d'une opération directe entre les intéressés ou d'une acquisition indirecte ; elles doivent être versées à la caisse de secours dont fait partie l'ouvrier et, à défaut de toute caisse ouvrière, à la caisse locale des indigents. Quant aux ouvriers dont les créances ont été payées d'une manière illégale, ils peuvent à toute

___

nant toutes les modifications intervenues depuis l'origine a été promulgué le 26 juillet 1900.

2

époque (art. 116) en réclamer le paiement selon un mode conforme à la loi; une exception tirée du paiement antérieur ne saurait leur être opposée; les éléments de ce paiement, s'ils existent encore ou ont profité au bénéficiaire, doivent être versés à la même caisse que les créances de marchandises susvisées. Enfin, l'article 119 *a* prévoit des retenues sur le salaire stipulées par le patron à titre de garantie d'une indemnité ou d'une amende en cas de rupture illégale du contrat de travail; mais il en limite la valeur à un maximum fixé, pour chaque paye, au quart du salaire échu, et, dans l'ensemble, à la valeur du salaire moyen d'une semaine.

Les dispositions de la loi industrielle, qui viennent d'être rappelées, s'appliquent à l'industrie minière en vertu des termes formels de l'article 154*a* (§ 1) de cette loi : elles visent à la fois les ouvriers et les employés; un doute n'est possible que relativement à l'application de l'article 119*a*, qui limite les retenues sur le salaire; la raison de douter est la suivante : l'article 133*e* de la loi industrielle déclare inapplicables aux employés les dispositions de l'article 119*a*, et il n'est ni visé ni abrogé par l'article 154*a* (§ 1), qui énumère les textes applicables aux mines(*).

Une controverse beaucoup plus importante quant à son objet et à ses conséquences s'est élevée sur la validité, depuis l'entrée en vigueur du Code civil allemand, de la faculté de fourniture d'objets prévue par l'article 115 (§ 2) de la loi industrielle. La fourniture d'outils et de matières, notamment d'explosifs, est une pratique courante de l'exploitation des mines; il est tenu compte, dans le prix du travail à la tâche, de la consommation nécessaire et de l'usure normale de ces outils ou matières; quelques-uns de ces objets doivent être achetés à l'exploi-

---

(*) Voir NEUKAMP (*Verwaltungsarchiv*, t. V, p. 225, 244, 254 à 256).

tant par l'ouvrier ; la sécurité l'exige parfois, notamment pour les explosifs. On conçoit dès lors la gravité de la suppression de la faculté, que la loi industrielle (art. 115, § 2) donne à l'exploitant, de fournir des objets en en tenant compte lors de la paye. Or le Code civil a spécifié dans son article 394 que toute créance insaisissable ne pouvait être l'objet d'une compensation : les créances de salaire ayant ce caractère, aucune somme ne devrait pouvoir être imputée sur elles.

Dans le sens de cette interprétation, qui admet l'abrogation d'un article de la loi industrielle par un article du Code civil, on a invoqué, outre les travaux préparatoires (*), l'inégalité de régime que l'interprétation inverse entraînerait, par rapport aux ouvriers industriels, pour les travailleurs agricoles et forestiers, et en général pour toutes les personnes non soumises à l'article susvisé de la loi industrielle : ces dernières pourraient seules refuser toute imputation de fournitures sur leur salaire.

Dans le sens de l'interprétation inverse, qui consacre le maintien de la pratique actuellement usitée dans l'industrie minérale, on a invoqué (**) l'article 32 de la loi du 18 août 1896, relative à l'entrée en vigueur du Code civil allemand, aux termes duquel les prescriptions des lois d'Empire restent en vigueur, à moins que leur abrogation ne résulte du Code civil ou de la loi relative à l'entrée en vigueur de ce Code. Il ne suffit donc pas d'une divergence entre une prescription générale du Code civil et une disposition spéciale d'une loi antérieure, pour que cette dernière cesse d'être en vigueur ; la loi du 18 août 1896 a fait,

---

(*) Voir, à ce sujet, Fürst (*Zeitschrift für Bergrecht*, t. XXXIV, p. 108) et Klostermann-Fürst (*Das allgemeine Berggesetz für die preussischen Staaten*, 5⁵ édition, p. 269 et 270).

(**) Rapport sur les travaux du Congrès des tribunaux industriels allemands en 1900 (*Gewerbegericht*, 6ᵉ année, col. 4 et 36). — Carl Kretzschmar (*loc. cit.*, p. 104).

du reste, application de cette règle dans son article 36, qui abroge ou modifie certaines prescriptions de la loi industrielle : le silence relatif à l'article 115 (§ 2) de cette dernière loi atteste donc le maintien des dispositions qu'il renferme (*).

En tout état de cause, la faculté d'imputation sur le salaire doit être limitée aux circonstances et conditions définies par le texte précité de la loi industrielle : en dehors de ce domaine, l'interdiction formulée par l'article 394 du Code civil retrouve son application. Toutefois, le maintien, rappelé au début de la présente étude, des dispositions de droit minier d'État conduit à admettre pour la Saxe royale l'imputation sur le salaire des amendes prévues par le règlement de travail : cette imputation est, en effet, admise par l'article 86 (sous la lettre *i*) de l'ordonnance saxonne du 2 décembre 1868 (**).

L'imputation ne doit pas être confondue avec la retenue sur le salaire. Le Code civil, dans son article 273 (§ 1), a spécifié que, si le débiteur a, par suite du rapport juridique dont dérive son obligation, un droit éventuel à l'égard du créancier, il peut, sauf disposition contraire, refuser de s'acquitter jusqu'à ce qu'il ait été désintéressé. Toutefois, à la différence du cas de l'imputation, le Code civil n'excepte pas de l'application de cette mesure les créances insaisissables. De là une controverse sur la question de savoir si le patron peut effectuer une retenue sur le salaire(***).

(*) M. CARL KRETZSCHMAR (*loc. cit.*, p. 106) a, d'ailleurs, fait observer que, si la jurisprudence n'admettait pas cette doctrine, la législation minière pourrait la consacrer par voie de disposition spéciale.

(**) L'absence d'une disposition favorable de ce genre dans la législation minière prussienne permet de contester, pour les exploitations soumises à cette législation, le droit de procéder à pareille déduction.

(***) Dans le sens de l'affirmative, HASSLACHER (*Glückauf*, 36ᵉ année, nᵒ 8, p. 165); dans le sens de la négative, SINZHEIMER (*Gewerbegericht*, 6ᵉ année, col. 137).

IV. Le caractère d'insaisissabilité du salaire résulte, d'ailleurs, de la loi du 21 juin 1869 sur la saisie des salaires des ouvriers ou serviteurs, qui interdit en principe la saisie des salaires non échus; toutefois, cette interdiction ne s'appliquait pas, en vertu de l'article 4 de la loi susvisée, au recouvrement des créances alimentaires établies par des prescriptions légales au profit des membres de la famille du salarié. La loi du 29 mars 1897, modificative de la loi du 21 juin 1869 et de l'article 749 du Code de procédure civile, a, par une rédaction plus détaillée, garanti les droits de tous les parents et du conjoint, et consacré le droit de préférence de celui-ci et des parents légitimes à l'encontre de l'enfant naturel; elle a limité l'exercice du droit de saisie à la période qui suit l'introduction de la demande et au dernier trimestre qui la précède, et elle l'a subordonné, dans le cas des aliments dus à l'enfant naturel, à la constitution des ressources nécessaires au débiteur pour sa propre subsistance et pour le paiement des aliments que des textes de loi mettent à sa charge au profit de ses parents ou de son conjoint.

L'insaisissabilité, d'après le rapprochement des articles 4 (n° 4) de la loi de 1869 et de l'article 749 (§3) du Code de procédure civile de 1877, ne s'appliquait d'ailleurs qu'aux salaires non supérieurs à 1.500 marcs par an pour les personnes attachées à titre permanent au service d'un particulier, la permanence étant définie par la durée, au moins égale à un an, du contrat de louage de services ou, en l'absence de fixation de durée, par l'obligation, en cas de rupture du contrat, d'un préavis de trois mois au moins.

La loi sur l'entrée en vigueur du nouveau Code de procédure civile du 17 mai 1898 a, par son article III, introduit une innovation en supprimant toute distinction entre les employés et les ouvriers par la radiation de toute mention relative à la permanence de l'engagement.

V. D'autres mesures tutélaires résultent également, au profit des ouvriers et employés, de la législation la plus récente :

1° En cas de vente forcée aux enchères, et aussi en cas d'administration forcée de la mine, les ouvriers et employés ont un droit de préférence, qui prime les impôts publics, pour le salaire courant et même, quant à la vente forcée, pour le salaire arriéré de la dernière année : cette disposition édictée par l'article 169i de la loi saxonne du 20 juin 1898, modificative des lois minières des 16 juin 1868 et 18 mars 1887, garantit au personnel de la mine le même traitement qu'au personnel agricole, parce que, comme celui-ci, il contribue à l'entretien de la situation économique de l'objet de la vente et travaille, par suite, au profit de tous ceux qui sont intéressés à la vente ou à l'administration forcée ;

2° En cas de procédure de faillite ouverte contre la fortune de l'exploitant, le personnel de la mine est rangé par la loi sur la faillite du 20 mars 1898 (art. 61, § 1) dans la première classe des créanciers de la faillite, sans que la condition de permanence, imposée à l'engagement par l'article 54 de la loi antérieure, ait été maintenue.

VI. Par contre, le délai de prescription pour la rémunération du travail, que le Code civil saxon de 1863 (art. 1017, n°ˢ 10 et 11) fixait à trois ans, a été réduit à deux ans par l'article 196 (§ 1, n°ˢ 8 et 9) du Code civil allemand, applicable aux mines saxonnes dans le silence de la législation minière ; l'origine du délai de prescription est demeurée, sous le régime du Code civil allemand (art. 198 et 201), la fin de l'année dans laquelle le droit à rémunération a pris naissance.

VII. En principe, la rémunération du travail n'est due que si le service est rendu. Toutefois, il est possible que la non-prestation du service soit indépendante de la volonté du travailleur : tel est le cas où l'offre de service n'est encore pas acceptée; tel est également celui où il y a impossibilité matérielle de fournir le service stipulé.

A cet égard, le Code civil saxon de 1863, qui régissait la matière dans le silence de la loi minière, n'établissait aucune distinction : il résultait de l'article 1239 de ce Code que, si la non-prestation des services pouvait être rapportée soit à une impossibilité attribuable ou non à une faute du chef d'entreprise, soit à un refus injustifié de l'offre de services, le chef d'entreprise était tenu au paiement de la rémunération : cette disposition supposait que le travailleur était prêt à fournir les services convenus; elle ne faisait, du reste, aucun obstacle à l'exercice, par le chef d'entreprise, de son droit de dénoncer le contrat.

Le Code civil allemand distingue, au contraire, les deux cas définis ci-dessus, savoir le retard dans l'acceptation des services et l'impossibilité matérielle de prestation des services.

1° **Retard dans l'acceptation des services.** — L'article 615 du Code civil allemand dispose que, si celui qui a droit à des services tarde à accepter l'offre de services, le débiteur des services peut réclamer la rémunération stipulée pour les services qu'il n'a pas fournis par suite du retard, et cela sans être tenu à les fournir ultérieurement; il doit, du moins, se laisser porter en compte la valeur de l'économie qu'il a réalisée par suite de la non-prestation des services, ou la valeur du gain que la prestation d'autres services lui procure ou qu'elle lui procurerait s'il ne s'en abstenait par malice.

Toutefois, il résulte des articles 293 à 295 du même Code que, pour qu'il y ait retard dans l'acceptation de l'offre de services, il faut que cette offre soit effective; une offre verbale ne suffit que si l'exploitant a déclaré qu'il n'acceptera pas les services ou si un acte de l'exploitant ou de ses préposés est nécessaire pour la prestation des services : ce cas est fréquent dans l'exploitation des mines ; car, avant d'entreprendre son travail, l'ouvrier doit recevoir des instructions, et l'employé, aussi bien que l'ouvrier, doit être transporté au lieu de son travail par les dispositifs, mécaniques ou autres, à ce destinés. Une controverse s'est élevée sur le point de savoir si une offre, adressée par l'ouvrier de sa demeure, suffit pour constituer l'exploitant en état de retard (*) ; la négative semble justifiée : l'exploitant, en effet, n'est tenu de prêter au travailleur le concours nécessaire à l'exécution de son obligation de services que si le travailleur se présente sur le lieu du travail ; dès lors, en l'absence de toute déclaration de l'exploitant portant refus de l'offre de services, le travailleur doit se présenter à la mine pour offrir ses services, s'il veut constituer l'exploitant en état de retard.

La disposition de l'article 615 du Code civil allemand, qui prévoit l'imputation au compte du travailleur, dans l'évaluation de son salaire, du gain que lui procurerait la prestation d'autres services, s'il ne s'en abstenait par malice, ne figurait pas dans l'article 1239 du Code civil saxon ; elle constitue une aggravation de la situation du salarié et semble devoir être entendue dans un sens étroit ; il paraîtrait excessif d'en déduire l'obligation, pour l'ouvrier ou l'employé, de rechercher, à titre provisoire, une autre occupation ou d'accepter la première occupation qui s'offre à lui. Par contre, tant qu'il n'a point trouvé un autre emploi, l'exploitant peut, en retirant la déclaration de refus d'offre de services, l'obliger à prendre le travail (**).

2° **Impossibilité matérielle de prestation des services.** — L'im-

---

(*) Dans le sens de l'affirmative, PLANCK (*Bürgerliches Gesetzbuch*, 2° édition, art. 616, remarque 2) ; dans le sens de la négative, CARL KRETZSCHMAR (*loc. cit.*, p. 107).

(**) Voir SIGEL (*Gewerbegericht*, 6° année, annexe au n° 1, col. 9).

possibilité matérielle, dans laquelle l'ouvrier se trouve de fournir les services convenus, peut résulter de causes diverses : les unes dont l'exploitant doit répondre, les autres dont l'exploitant n'est point responsable, d'autres inhérentes à la personne du travailleur.

α. *Causes dont l'exploitant doit répondre.* — Lorsque la cause de l'impossibilité est une de celles dont l'exploitant doit répondre, le Code civil allemand (art. 324, § 1) n'a fait que consacrer le régime antérieur en obligeant l'exploitant à continuer le paiement de la rémunération : tel est le cas où l'exploitation est suspendue par ordre de l'autorité minière pour inobservation des prescriptions de sécurité.

β. *Causes dont l'exploitant n'est pas responsable.* — Lorsque la cause de l'impossibilité est une de celles dont l'exploitant n'est pas responsable — telle que inondation, coup de grisou, effondrement de puits ou catastrophe survenue en dehors de toute faute de l'exploitant — l'ouvrier, aux termes de l'article 80 (§ 2, *b*) de la loi minière saxonne, n'est pas admis, si la continuation du paiement du salaire ne lui est pas refusée, à rompre immédiatement le contrat ; toutefois, à la différence du Code civil saxon (art. 1239), le Code civil allemand (art. 323, § 1) lui interdit de réclamer la continuation de la rémunération ; cette mesure s'applique également à l'employé. La continuation du paiement du salaire peut toutefois être obtenue, en pareil cas, dans certaines hypothèses : si, par exemple, l'ouvrier ne peut parvenir au lieu de travail parce que les voies et moyens d'accès sont rendus impraticables par suite d'événements dont l'exploitant n'a pas à répondre, l'impossibilité de fournir le service dérive de l'impossibilité de faire usage de moyens d'action que l'exploitant doit mettre à la disposition du travailleur ; ces moyens d'action peuvent être assimilés aux actions du créancier que l'article 295 du Code civil allemand vise comme nécessaires à l'acquittement de la dette; leur absence a donc pu être considérée (*) comme assimilable au retard dans l'acceptation des offres prévu par l'article 615 du Code civil allemand et, par suite, comme donnant droit à la rémunération stipulée.

γ. *Causes inhérentes à la personne du travailleur.* — Le cas où la cause de l'impossibilité est inhérente à la personne du travailleur a été visé par l'article 616 du Code civil allemand. Aux termes de cet article, « celui qui s'est engagé pour un service ne perd pas le droit à une rémunération par ce fait que, pendant une durée relativement insignifiante, il a été, pour un motif inhérent à sa personne, sans faute de sa part, empêché de fournir le service. Il doit, toutefois, se laisser imputer la somme qui lui revient, pour la période de l'empêchement, d'une assurance contre la maladie ou contre les accidents basée sur une obligation légale ».

A. La première question qui se pose est celle de la mesure dans laquelle cet article est applicable aux mines saxonnes.

Une première distinction est nécessaire à cet égard entre les *employés* et les *ouvriers*.

En ce qui concerne les *employés*, la législation minérale saxonne est muette sur la matière; les dispositions précitées du Code civil allemand régissent donc les employés. Il convient de signaler, du reste, que l'imputation des allocations de l'assurance sur la rémunération ne s'applique qu'au cas d'assurance obligatoire; il ne saurait donc y avoir réduction de salaire pour les avantages que procurerait à l'employé malade son affiliation volontaire à la caisse de secours de l'entreprise.

(*) Cosack (*Lehrbuch des bürgerlichen Rechtes*, 3ᵉ édition, sur l'art. 106, I, n° 3 *a*).

En ce qui concerne les *ouvriers*, il importe de distinguer les cas d'impossibilité de travail en deux catégories, suivant qu'ils résultent de maladie ou d'accident ou d'une autre cause satisfaisant aux conditions définies par l'article 616 du Code civil allemand.

a) Les cas de maladie ou d'accident sont prévus par la législation minérale saxonne ; la loi minière de 1868 les vise dans ses articles 85 et 86. Aux termes de l'article 85, si un ouvrier mineur est atteint de maladie ou subit un dommage par une faute grave de l'exploitant ou de l'un de ses préposés, l'exploitant doit non seulement payer les frais de traitement, mais encore continuer à l'ouvrier le paiement du salaire durant la période et dans la mesure où celui-ci ne peut le gagner par un travail en rapport avec ses forces, sans préjudice des droits éventuels à indemnité appartenant à l'ouvrier et à ses ayants droit et, en cas de décès de l'ouvrier, du paiement des frais funéraires ; si une caisse de secours intervient pour le service de ces allocations, elle a un recours en remboursement contre l'exploitant. L'article 86, spécial aux mines métalliques, impose à l'exploitant, en l'absence de caisse de maladie, l'obligation de servir à l'ouvrier malade ou blessé, en dehors de toute faute grave de l'exploitant, au cours du travail à la mine, les allocations suivantes : 1° en cas de maladie naturelle, le salaire pendant une durée de quatre semaines à dater du début de la maladie ; 2° en cas de maladie professionnelle ou d'accident, les frais de traitement et le salaire jusqu'à ce que le médecin déclare l'ouvrier capable de reprendre le travail à la mine ou que l'ouvrier devienne pensionné comme invalide ; en cas de décès, les frais funéraires. Le régime qui se dégage de ces textes comporte donc la distinction de deux circonstances, suivant que la caisse de secours minière (*Knappschaftskasse*) intervient ou non comme caisse de maladie : dans la première circonstance, cette caisse doit pourvoir aux secours nécessaires ; dans la seconde, l'exploitant doit servir les allocations définies par le législateur. Cette distinction, motivée par le régime spécial des mines métalliques, a perdu son intérêt pratique, depuis que la loi saxonne du 2 avril 1884 a étendu aux mines métalliques l'institution de caisses de maladie. Il n'en résulte pas moins des développements qui précèdent que le législateur saxon, en matière de mines, a réglé les obligations éventuelles de l'exploitant, quant au paiement du salaire, en cas de maladie ou de blessure de l'ouvrier. Les dispositions du Code civil allemand et, en particulier, celles de l'article 616 ne sont donc pas applicables à la matière (*) (**). Cette conclusion a pour corollaire une inégalité de régime entre les mineurs saxons et les ouvriers de la grande industrie, qui bénéficient des dispositions du Code civil : une pareille inégalité s'explique par l'importance des charges qu'imposerait à l'industrie minière saxonne l'application de l'article 616 précité, eu égard à l'extension qui en résulterait pour les allocations en cas de maladie (***); il suffit de rappeler à cet égard que la loi saxonne du 2 avril 1884 ne prévoit l'allocation des secours pécuniaires de maladie qu'à dater du troisième jour qui suit le début de la maladie.

b) Les cas d'impossibilité de travail autres que ceux de maladie ou d'accident, n'étant pas visés par la loi minière, tombent sous l'application du Code civil ; parmi ces cas, il

---

(*) Voir, dans ce sens, CARL KRETZSCHMAR (*loc. cit.*, p. 95 et 96).

(**) La situation des mines prussiennes diffère à cet égard de celle des mines saxonnes : la loi minière prussienne du 24 juin 1865, comme la loi prussienne sur les caisses de secours du 10 avril 1854, a en effet chargé les caisses de secours minières, non seulement du service des pensions d'invalides et des secours aux veuves et aux orphelins, mais encore du service des allocations aux ouvriers réduits par la maladie ou l'accident à l'incapacité temporaire de travail. La question étant ainsi réglée, le législateur prussien n'a point eu à viser dans la loi sur les mines l'obligation de l'exploitant en cas de maladie ou d'accident. Le silence de cette loi entraîne donc, sans aucun doute, l'application aux mines prussiennes de l'article 616 du Code civil allemand.

(***) Voir, dans ce sens, CARL KRETZSCHMAR (*loc. cit.*, p. 96).

y a lieu de citer les appels de service militaire, l'accomplissement d'un mandat public, tel que celui d'échevin, de juré, de conseiller communal ou paroissial, d'assesseur d'un tribunal arbitral de mine ou d'assurance-accidents, de membre du comité directeur ou de l'assemblée générale d'une caisse minière de maladie ou de pension, de témoin devant une autorité administrative ou judiciaire ; il semble, d'ailleurs, qu'en principe le droit à l'indemnité normalement accordée par l'organe compétent auquel l'ouvrier a prêté son concours, subsiste au profit de ce dernier : d'une part, en effet, tout chef d'entreprise peut exclure par une disposition contractuelle l'application de l'article 616 du Code civil ; d'autre part, en l'absence de toute disposition de ce genre, plutôt que d'obliger l'ouvrier à assigner le chef d'entreprise qui opposerait des objections au paiement de la rémunération, il semble convenable de lui en avancer le montant en échange de l'abandon de ses droits éventuels, supposés litigieux, à une rémunération (*).

B. Après avoir défini la mesure dans laquelle l'article 616 du Code civil allemand est applicable aux mines saxonnes, il convient de déterminer les conditions auxquelles l'application même de cet article est subordonnée : ces conditions visent l'une le motif, l'autre la durée de l'impossibilité de travailler :

1° Tout d'abord, il faut que le *motif* de l'impossibilité de travailler soit inhérent à la personne du travailleur et indépendant de toute faute de celui-ci. L'accomplissement d'un devoir domestique, d'une obligation de parenté ou d'amitié peut, suivant la gravité du cas, être assimilé ou non à un motif de ce genre. Une peine privative de liberté ne donne aucun droit au bénéfice de cette mesure. La comparution en justice peut, selon les circonstances, entraîner ou non une absence ouvrant le droit à l'application de

---

(*) Voir, dans ce sens, Carl Kretzschmar (*loc. cit.*, p. 97).

l'article 616 ; lors même que l'action judiciaire qui nécessite la présence de l'ouvrier a été engagée sur l'initiative de ce dernier, la décision de l'ouvrier peut être la conséquence indirecte d'une obligation légale ou morale, et il serait rigoureux de refuser, dans ce cas, à l'ouvrier les avantages concédés par le législateur (*).

2° Il faut, en outre, que la *durée* de l'impossibilité de travailler soit « relativement insignifiante ». Ces termes mêmes laissent place à une interprétation qui peut prêter à l'arbitraire. Pour y remédier, on a proposé trois solutions :

-- *a)* L'une consiste dans l'extension du travail à la tâche ou aux pièces : l'ouvrier, étant payé d'après l'ouvrage qu'il a produit, ne pourrait profiter du bénéfice de la mesure légale (**). Cette solution peut, toutefois, être incomplète : l'application de l'article 616 ne semble pas avoir été limitée par le législateur au cas du travail à la journée. En effet, le texte primitif examiné par la Commission du Reichstag contenait les mots : « si la rémunération est déterminée par périodes » ; la Commission les a formellement supprimés (***), excluant ainsi toute restriction que l'on aurait été porté à admettre dans l'application de la mesure d'après la base de définition du salaire. La difficulté qui se présente alors est celle de l'évaluation de la rémunération due pour la période d'impossibilité de travail. La loi minière saxonne prévoit sans doute, dans son article 87, pour des cas de paiement de salaire en l'absence de toute prestation de service, une

----

(*) Voir, dans ce sens, von Frankenberg (*Gewerbegericht*, 4ᵉ année, n° 9, col. 102).

(**) Voir à ce sujet Georges Blondel. *Le Code civil allemand et les ouvriers*. Communication à la séance générale de la Société de Législation comparée, du 12 décembre 1900 (*Bulletin de la Société de Législation comparée*, 1901, p. 98.)

(***) *Débats parlementaires du Reichstag*, 1895-1897. *Annexes*, t. III, p. 1975.

évaluation du salaire basée sur la durée du travail et les taux de salaire correspondant à la catégorie de travailleurs considérée ; toutefois, le caractère spécial des cas visés dans l'article 87 rend contestable l'extension de la règle posée par cet article à des espèces où l'application du Code civil résulte du silence même de la loi minière (*). On a donc proposé (**) d'adopter, comme valeur de la rémunération, le montant moyen du gain normalement réalisé par l'ouvrier dans l'accomplissement du travail à la tâche.

b) Une deuxième solution est basée sur l'intervention de dispositions contractuelles tendant à exclure en totalité ou en partie l'application de l'article 616. La légalité de cette solution n'est pas douteuse ; car le Code civil, en énumérant, dans son article 619, les articles auxquels il ne peut être dérogé par contrat, ne cite point l'article 616 (***). Pour préciser l'application de cette solution, on a signalé (****) comme devant être tranchées par le contrat de travail les trois questions suivantes : 1° dans quel genre d'impossibilité de travail une rémunération doit-elle être accordée ? 2° pendant quelle durée ? 3° quelle doit en être la valeur ?

c) La troisième solution consiste (*****) dans le recours aux organes qualifiés d'*Arbeiterausschüsse* (conseils d'usines ou commissions ouvrières) pour fixer par une jurisprudence l'interprétation du texte législatif ; les commissions ouvrières permanentes tiennent de la loi industrielle (art. 134*b*, § 3 ; art. 134*d*) (******) le pouvoir

---

(*) Carl Kretzschmar (*loc. cit.*, p. 99).

(**) Von Frankenberg (*loc. cit.*, col. 103).

(***) Voir dans ce sens Georges Blondel (*loc. cit.*, p. 98) ; — Planck (*loc. cit.*, art. 616, remarque 4) ; — Cosack (*loc. cit.*, t. I, p. 524) ; — Von Martens (*Zeitschrift für Socialwissenschaft*, 3ᵉ année, p. 658).

(****) Carl Kretzschmar (*loc. cit.*, p. 100).

(*****) Georges Blondel (*loc. cit.*, p. 98 et 99).

(******) Voir *Annuaire de législation étrangère*, 1892, p. 167 et suid'intervenir dans la rédaction ou l'appréciation du règlement d'atelier ou ordre de travail (*Arbeitsordnung*) : le nouveau rôle qui leur serait attribué semblerait donc conforme à leur mission antérieure.

C. Quant à son caractère, la rémunération accordée en vertu de l'article 616 est, en dépit de l'absence de prestation de travail, assimilable (*) aux salaires visés par la loi du 21 juin 1869 et doit participer à l'insaisissabilité garantie par cette loi.

b) *Sécurité et salubrité du travail.* — I. Le Code civil allemand vise, dans son article 618 (§ 1), les obligations qui incombent au chef d'entreprise en vue de réaliser la sécurité et la salubrité du travail. Ce texte édicte, dans des termes analogues à ceux de l'article 120 *a* (§ 1) de la loi industrielle (**), l'obligation, pour le chef d'entreprise, « d'installer et d'entretenir les locaux, les appareils et l'outillage qu'il doit fournir pour la prestation des services, et d'organiser les prestations de services qui doivent être exécutées sur ses ordres ou sous sa direction, de telle sorte que la vie et la santé du débiteur de services soient protégées contre tout danger dans la mesure où le permet la nature de la prestation de services ».

La loi minière saxonne formule, dans son article 55, une obligation analogue.

La question de savoir si, en pareille matière, l'exploitant de mines était soumis à la disposition de la loi minière ou à celle du Code civil a été discutée dans la doctrine (***).

Dans le sens de l'applicabilité du Code civil, on peut

---

vantes, notre notice et traduction de la loi industrielle allemande de 1891 et, en particulier, p. 190 et 191, relativement à ces textes.

(*) Von Frankenberg (*Gewerbegericht*, 4° année, n° 9, col. 104, et 5° année, n° 8, col. 204).

(**) Voir notre notice et notre traduction précitées (*Annuaire de législation étrangère*, 1892, p. 180).

(***) Carl Kretzschmar (*loc. cit.*, p. 85 et 86).

invoquer le droit, que ce Code, dans le silence de la loi minière, confère à l'ouvrier, d'exiger l'installation des dispositifs de sécurité ; on peut se baser également sur le caractère de droit public des prescriptions de police de la législation minérale, qui ne règlent point l'obligation de droit privé incombant au patron quant à la réalisation de la sécurité du travail. Dans le sens opposé, on objecte que le Code civil ne consacre pas le droit de l'ouvrier au travail ni, par suite, le droit, pour le travailleur, de contraindre le patron à réaliser les mesures de sécurité ; quant à leur caractère, les dispositions du Code civil en matière de sécurité sont de droit public, comme celles de la loi industrielle dont elles procèdent, et l'article 619, qui interdit de déroger à l'article 618 par voie de contrat, leur attribue ce caractère ; elles ne suppléent donc pas, à cet égard, à celles de la législation minérale ; du reste, ces dernières peuvent être invoquées dans le domaine du droit privé par l'ouvrier qui, réclamant un salaire sans avoir travaillé, se fonde sur l'absence de dispositifs de sécurité.

II. Le Code civil allemand ne se borne pas à imposer au patron l'obligation de réaliser la sécurité et la salubrité du travail ; il prévoit également (art. 618, § 3) sa responsabilité en cas de dommage causé par l'omission de cette obligation.

La question se pose de savoir si c'est la législation minière ou le Code civil qui régit la responsabilité patronale en cas d'accident ou de maladie dont un travailleur de la mine aurait été victime pour une pareille cause.

Il y a lieu de distinguer à cet égard les accidents des maladies professionnelles.

1° *Accidents*. — Si le travailleur, ouvrier ou employé, est assujetti à l'obligation de l'assurance, la loi sur l'assurance des accidents de l'industrie du 5 juillet 1900 dispose, dans son article 135 (§ 1), que la victime ou ses ayants droit, lors même qu'ils n'ont aucun droit à pension, ne peuvent invoquer contre le patron ou ses représentants un droit à indemnité que si une condamnation pénale a établi que le patron a intentionnellement occasionné l'accident; la même loi (art. 135, § 2) limite l'étendue du droit à indemnité à l'excédent, sur les allocutions de l'assurance, de l'indemnité allouée en vertu d'autres dispositions légales.

Si le travailleur (employé à salaire élevé) n'est pas assujetti à l'obligation de l'assurance, la question est réglée par le Code civil, en raison du silence de la loi minière quant au droit à indemnité pour les employés.

2° *Maladies professionnelles.* — Si le travailleur est un employé, le Code civil est seul applicable pour le motif qui vient d'être indiqué.

Si le travailleur est un ouvrier, la loi minière saxonne institue, dans son article 85 précité (*), un régime de réparation en cas de faute grave de l'exploitant, sans préjudice des droits éventuels à indemnité appartenant à l'ouvrier et à ses ayants droit. Le Code civil ne limitant pas la responsabilité patronale au cas de faute grave, l'application en est profitable à l'ouvrier mineur dans le cas, non visé par la loi minière, de la faute légère de l'exploitant. D'autre part, la réserve formulée par l'article 85 de la loi minière saxonne quant aux droits éventuels à indemnité, autorise à admettre, dans le cas de faute grave, l'ouvrier mineur au bénéfice des allocations prévues par la législation minérale. En résumé (**), la responsabilité patronale, en cas de maladie professionnelle de l'ouvrier causée par l'omission des devoirs de protection, est réglée par le Code civil dans la mesure où celui-ci est plus libéral pour l'ouvrier que la loi minière.

(*) Voir ci-dessus, p. 27.
(**) CARL KRETZSCHMAR (*loc. cit.*, p. 89).

Le Code civil saxon, dans son article 1236, déclarait les contractants responsables tant de leur faute intentionnelle que de leur négligence grave ou légère. Bien que le Code civil allemand (art. 618, § 3) ne définisse que l'étendue de la responsabilité sans préciser la source de cette dernière, on doit admettre que le patron est responsable non seulement de son intention, mais aussi de sa négligence, ne fût-elle que légère ; en effet, il doit être considéré comme débiteur de sécurité et, par suite, responsable à ce titre, en vertu des articles 276 et 278 du Code civil allemand, de son intention et de sa négligence.

D'autre part, d'après le Code civil saxon, l'exploitant n'était responsable de la faute des personnes qu'il avait chargées de l'installation et de l'entretien des mesures de protection que s'il avait commis une négligence dans le choix de ces personnes. La loi d'Empire du 7 juin 1871 sur la responsabilité civile avait étendu la responsabilité de l'exploitant à toute faute d'un préposé. Le Code civil allemand (art. 278) l'étend à toute faute d'une personne dont le chef d'entreprise se sert pour l'exécution de ses obligations, quelle que soit la qualité de cette personne, préposé ou même simple ouvrier.

IV

RÉSILIATION DU CONTRAT DE TRAVAIL.

Le contrat de travail peut être résilié par voie de dénonciation émanée de l'une des deux parties contractantes, et cela tantôt avec préavis, tantôt sans préavis.

1. Dénonciation avec préavis. — Il y a lieu de distinguer le cas des ouvriers de celui des employés.

a) *Ouvriers.* — La loi minière a réglé le cas des

ouvriers dans son article 80, dont le paragraphe 1er exige, sauf convention contraire, un préavis de quatre semaines ; elle exclut donc l'application du Code civil.

Ce Code vise toutefois une circonstance que la loi minière n'a point prévue : il s'agit du cas où le contrat de service est conclu pour une période de longue durée, soit à vie, soit pour plus de cinq ans ; le silence de la loi minière s'explique par la rareté du cas en matière d'ouvriers mineurs ; mais il ne saurait faire refuser à ces ouvriers le bénéfice des dispositions du Code civil. En vertu de l'article 624 du Code civil allemand, le travailleur peut dénoncer le contrat au bout de cinq ans, avec préavis de six mois. Il convient de signaler que le Code civil saxon prévoyait le cas de contrat à longue échéance, mais seulement lorsque ce contrat avait été conclu à vie ; les dispositions du Code saxon étaient à cet égard moins favorables à l'ouvrier que celles du Code allemand ; par contre, elles n'imposaient pas, pour l'exécution de la dénonciation, l'accomplissement préalable de cinq années de service et ne la subordonnaient qu'au préavis de six mois.

b) *Employés*. — Dans le silence de la loi minière, le Code civil régit la matière. Le Code civil saxon n'avait formulé aucune disposition quant au délai de préavis. Le Code civil allemand l'a défini en le proportionnant à la durée de la période de paiement de la rémunération : aux termes de l'article 621 de ce Code, si la rémunération est payée à la journée, le congé peut être donné chaque jour pour le jour suivant ; si elle est payée à la semaine, le congé ne peut être donné que pour la fin de la semaine et, au plus tard, le premier jour de la semaine ; si elle est payée au mois, le congé ne peut être donné que pour la fin de chaque mois et, au plus tard, le 15 du mois ; enfin, si la rémunération est payée par trimestre ou par périodes plus longues, le congé ne peut être donné que pour la fin du trimestre et sous réserve d'un préavis de six semaines au moins.

L'obligation de reporter le congé à la fin du trimestre et d'observer un préavis de six semaines est d'ailleurs imposée, dans tous les cas, — notamment même en cas de paiement mensuel de la rémunération, — par l'article 622 du Code civil allemand, lorsqu'il s'agit de services d'ordre supérieur. Cette disposition est analogue à celle de l'article 61 du Code de commerce (*) et de l'article 133a de la loi industrielle (**), qui visent respectivement l'un les « commis », l'autre les « personnes qui sont chargées de la direction ou de la surveillance de l'entreprise (employés, contremaîtres et préposés analogues) ou qui sont chargées de services techniques d'ordre supérieur (mécaniciens, constructeurs, chimistes, dessinateurs et assimilés) » ; en raison de cette analogie, il a semblé (***) possible de comprendre parmi les bénéficiaires de l'application de l'article 622 précité les employés qui, sans avoir suivi les cours d'une école supérieure des mines, étaient sortis d'une simple école de maîtres mineurs.

2. **Dénonciation sans préavis.** — La distinction entre les ouvriers et les employés s'impose, comme dans le cas de dénonciation avec préavis.

a) *Ouvriers.* — La loi minière (art. 80, § 2, *a* et *b*) définit les cas de dénonciation sans préavis avec une précision telle que l'application du Code civil ne saurait être admise pour les ouvriers mineurs ; elle énumère, en effet, douze cas où le patron peut dénoncer le contrat et six où la dénonciation peut émaner de l'ouvrier.

(*) Voir *Code de commerce allemand* (5 juin 1869), traduit et annoté par MM. Paul Gide, Ch. Lyon-Caen, J. Flach et J. Dietz, p. 26.

(**) Voir notre notice et traduction précitées (*Annuaire de législation étrangère*, p. 188).

(***) Carl Kretzschmar (*loc. cit.*, p. 114).

b) *Employés*. — La loi minière, dans son article 69 (§ 1), énumère diverses circonstances où l'exploitant peut renvoyer son employé sans délai ; elle prévoit, en outre, la mention, dans le contrat de louage de services, d'autres circonstances conférant le même droit. En l'absence de contrat de louage de services, la matière est régie non seulement par la législation minérale, mais aussi par le Code civil (*) ; car l'article 69 (§ 1) précité de la loi minière ne vise que des circonstances qui supposent une action coupable de l'employé : la mention des autres circonstances à prévoir dans le contrat de louage de services doit être, s'il n'existe aucun contrat de ce genre, remplacée par celle des circonstances définies dans la législation générale. Si, au contraire, un contrat de louage de services a été conclu, la question de l'application des dispositions du Code civil est douteuse (**) : l'intervention de mesures contractuelles peut faire présumer l'intention des parties d'exclure toute disposition de la législation générale sur la matière ; toutefois il semble excessif d'admettre que le règlement, par voie de convention, d'un cas particulier de résiliation entraîne l'exclusion des mesures législatives de droit civil qui concernent les autres cas à prévoir ; la question ne paraît donc pas susceptible de recevoir une solution générale : elle doit être tranchée dans chaque espèce.

Les dispositions du Code civil saxon de 1863, relatives à la matière, étaient contenues dans les articles 1241 et 1242 : la question de savoir si l'énumération des cas de résiliation immédiate était ou non limitative donnait lieu à controverse.

Le Code civil allemand exige en principe l'existence d'un motif grave ; mais il ne suppose pas l'existence

---

(*) Voir, dans ce sens, VON WAHLE (*Das allgemeine Berggesetz für das Königreich Sachsen*, art. 69, remarque 2).

(**) CARL KRETZSCHMAR (*loc. cit.*, p. 118).

d'une faute de la partie à qui le congé est donné :
l'exploitant peut donc être abandonné par ses employés,
lors même que le motif est indépendant de toute faute
de sa part, et cela que le motif soit ou non inhérent à sa
personne ; par contre, on ne doit pas (*) considérer
comme motif grave, autorisant un renvoi immédiat, l'impossibilité personnelle de travailler pendant une période
de durée insignifiante au sens de l'article 616 précité (**).
On a discuté la question de la légalité (***) d'une clause
du contrat de louage de services, par laquelle le patron
renoncerait à faire usage du droit de dénonciation sans
préavis ; la rigueur des conséquences de la mesure légale
pour l'ouvrier brusquement renvoyé a semblé justifier
une dérogation contractuelle.

En l'absence de motif grave, la dénonciation sans
préavis est admise par le Code civil allemand (art. 627, § 1)
lorsque le débiteur de services, sans être lié par un contrat
permanent ni recevoir une rémunération fixe, doit rendre
des services d'ordre supérieur, qui reposent sur la con-
fiance ; la seule obligation imposée au débiteur de services
qui veut cesser le travail sans préavis, est — sauf le cas de
motif grave et, en l'absence de pareil motif, sous réserve
de dommages-intérêts — de procéder à la dénonciation
de telle sorte que le bénéficiaire des services puisse se
les procurer d'une autre manière (art. 627, § 2, du Code
civil). L'hypothèse prévue par cet article du Code civil
se présente dans l'industrie minière, lorsqu'une entreprise,
dont l'importance est trop faible pour comporter les services permanents d'un technicien d'ordre élevé, fait appel
au concours d'un ingénieur d'une exploitation voisine sans

(*) Carl Kretzschmar (*loc. cit.*, p. 119).
(**) Voir ci-dessus, p. 26.
(***) Dans le sens de l'affirmative, Carl Kretzschmar (*loc. cit.*, p. 119);
dans le sens de la négative, Ehrlich (*Das zwingende und nicht zwingende
Rechl im bürgerlichen Gezetzbuche*, p. 80).

lui attribuer un traitement fixe. Il convient d'observer que cette hypothèse ne se réaliserait pas dans le cas des services rendus par un géomètre indépendant (*) ; celui-ci, en effet, est lié à l'exploitation par un contrat visant l'exécution d'un travail déterminé (*Werkvertrag*) et non la simple prestation de services indépendamment du résultat obtenu (*Dienstvertrag*)(**).

Les conséquences, quant au paiement de la rémunération, de la dénonciation sans préavis, ont été définies par l'article 628 (§ 1) du Code civil allemand : en vertu de ce texte, l'employé congédié peut demander une part de rémunération correspondant aux services qu'il a rendus; si le congé qu'il a reçu est la conséquence d'une violation du contrat commise par lui, ou si le congé a été donné par lui, sans qu'il y ait eu violation du contrat par l'autre partie, il n'a pas droit à la rénumération dans la mesure où ses services antérieurs sont sans intérêt du fait de la dénonciation ; si la rémunération a été payée d'avance, il doit la restituer dans des conditions qui dépendent des motifs de la dénonciation. Le même article du Code civil spécifie d'ailleurs, dans son paragraphe 2, que, si le congé a été motivé par la violation du contrat, l'auteur de cette violation est tenu à des dommages-intérêts.

La dénonciation sans préavis, tant pour les ouvriers que pour les employés, est admise, en cas de faillite de l'exploitant, de la part de l'un ou l'autre contractant.

Un cas de dénonciation sans préavis a été examiné ci-dessus (***), relativement au contrat de travail des femmes mariées.

A la suite de la dénonciation d'un contrat de louage de

(*) CARL KRETZSCHMAR (*loc. cit.*, p. 120).
(**) Voir, à ce sujet, GEORGES BLONDEL (*loc. cit.*, p. 95).
(***) Voir ci-dessus, p. 12.

services permanent, le patron doit donner à l'employé ou à l'ouvrier, sur sa requête, un temps convenable pour la recherche d'une autre occupation.

Cette obligation résulte de l'article 629 du Code civil allemand ; son exécution peut toutefois prêter à l'arbitraire, eu égard au caractère vague des expressions qui qualifient la durée du contrat et celle du temps de liberté à accorder au travailleur congédié.

Quant à la question de savoir si le travailleur a droit à la continuation de sa rémunération pendant le temps qui lui est accordé pour chercher un nouvel emploi, elle doit être résolue par les dispositions qui visent l'impossibilité de travailler résultant de causes inhérentes à la personne du travailleur (*). On s'est demandé à cet égard si des dispositions contractuelles ne pourraient pas prévenir toute difficulté d'interprétation, et, en particulier, affranchir du caractère de faute, exclusive de toute continuation de la rémunération, l'initiative de la dénonciation prise par le travailleur (**).

V

EXPIRATION DU CONTRAT DE TRAVAIL.

Le Code civil allemand a prévu, dans son article 630, que, lors de l'expiration d'un contrat de louage de services permanent, le débiteur des services pouvait demander un certificat écrit relatif à la nature et à la durée du contrat : ce certificat doit être, sur la demande du travailleur, étendu également à la conduite et aux services rendus.

Cette disposition ne s'applique qu'aux employés des

(*) Voir ci-dessus, p. 26.
(**) Voir, dans le sens de cette solution, CARL KRETZSCHMAR (*loc. cit.*, p. 126) ; voir, en sens contraire, EHRLICH (*loc. cit.*, p. 84).

mines, la situation des ouvriers mineurs étant, en pareil matière, réglée par l'article 76 de la loi minière saxonne du 16 juin 1868 et l'article 75 de l'ordonnance saxonne du 2 décembre suivant.

Elle est, d'ailleurs, d'ordre public, et l'exploitant ne peut refuser le certificat qui lui est demandé (*).

VI

PROLONGATION DU CONTRAT DE TRAVAIL.

La loi minière saxonne ne prévoit pas la tacite reconduction du contrat de travail.

Le Code civil saxon, applicable dès lors au personnel des mines, prévoyait la tacite reconduction pour une durée égale à la durée primitive. Le Code civil allemand ne fixe pas une durée au contrat prolongé ; il dispose, dans son article 625, que le contrat dont l'exécution est, après la date d'expiration, continuée par le débiteur de services au su de l'autre partie, est considéré comme prolongé pour un temps indéterminé sauf opposition immédiate de l'autre partie.

La durée du nouveau contrat résulte soit des conditions prévues pour la résiliation éventuelle, soit des dispositions légales.

Le droit de s'opposer à la prolongation du contrat n'est conféré qu'à l'exploitant par l'article 625 ; il serait toutefois excessif d'en tirer des conclusions trop rigoureuses pour le travailleur. Ainsi on a estimé (**) qu'une prolongation de travail effectuée pendant quelques jours par un

---

(*) CARL KRETZSCHMAR (*loc. cit.*, p. 126) ; EHRLICH (*loc. cit.*, p. 84) ; PLANCK (*loc. cit.*, art. 630, remarque 1).

(**) PLANCK (*loc. cit.*, art. 625, remarque 1, 2ᵉ alinéa) ; CARL KRETZSCHMAR (*loc. cit.*, p. 121 et 122).

ouvrier, à titre de complaisance ou pour permettre à l'exploitant de lui trouver un remplaçant, n'autorisait pas l'exploitant à se prévaloir d'une tacite reconduction du contrat.

VII

CONCLUSIONS.

L'étude du contrat de travail dans les mines saxonnes sous le régime du Code civil allemand n'est pas seulement intéressante au point de vue spécial de la législation minérale allemande. Elle semble autoriser des conclusions dont se dégagent des enseignements d'une portée plus générale : d'une part, en effet, les controverses qui résultent de la coexistence, dans la loi minière et dans le Code civil ou dans la loi industrielle, de dispositions similaires, mais non identiques, permettent de penser que de telles dispositions, qui n'intéressent point exclusivement le personnel des mines, ne sont pas à leur place dans des textes spéciaux au droit minier (*) ; d'autre part, les difficultés que présente l'application de certaines mesures de la législation générale démontrent la nécessité de prévoir, dans cette législation même, la conclusion de conventions particulières entre les intéressés et de laisser le règlement des cas d'espèces à la jurisprudence autorisée des tribunaux compétents.

(*) Voir, dans ce sens, Louis Aguillon (*Législation des Mines française et étrangère*, t. II, p. 299, et t. III, p. 76).

Tours. — Imprimerie Deslis Frères.

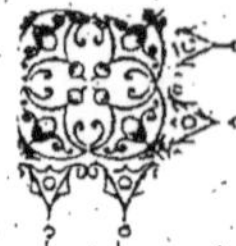

PRINCIPALES PUBLICATIONS

DU MÊME AUTEUR

SUR LA

LÉGISLATION MINÉRALE ÉTRANGÈRE

Étude des modifications apportées à la législation des mines de la Saxe royale en vertu des lois de l'Empire allemand sur l'assurance obligatoire contre la maladie et les accidents (*Annales des Mines*). Paris, 1890.

De l'organisation des Caisses de secours pour les ouvriers mineurs en Autriche (*Bulletin du Comité permanent du Congrès international des accidents du travail*). Paris, 1891.

Des transformations apportées aux Caisses de secours pour les ouvriers mineurs en Allemagne par les lois d'Empire sur l'assurance obligatoire (*Annales des Mines*). Paris, 1892.

La loi prussienne du 24 juin 1892 portant modification de la loi générale sur les mines. — Notice, traduction et notes. — (*Annuaire de législation étrangère*). Paris, 1893.

La loi autrichienne du 31 décembre 1893 réglementant le recrutement des personnes préposées à la conduite et à la surveillance de l'exploitation des mines. — Notice et traduction. — (*Annuaire de législation étrangère*). Paris, 1894.

La loi autrichienne du 3 mai 1896 modificative de la loi générale sur les mines. — Notice et traduction. — (*Annuaire de législation étrangère*). Paris, 1897.

La loi autrichienne du 14 août 1896 sur les corporations minières. — Notice, traduction et notes. — (*Annuaire de législation étrangère*). Paris, 1898.

Du régime de mines allemandes dans l'Est de l'Afrique d'après l'ordonnance du 9 octobre 1898. — Notice, traduction et notes. — (*Annuaire de législation étrangère*). Paris, 1900.

TOURS. — IMPRIMERIE DESLIS FRÈRES.